AF313243

8 Mai 1896.

P

VENTE

HOTEL DROUOT, SALLE Nº 1

Le Vendredi 8 Mai 1896

A DEUX HEURES UN QUART

OBJETS D'ART

ET DE

BEL AMEUBLEMENT

DES

XVIᵉ, XVIIᵉ et XVIIIᵉ siècles

BELLES TAPISSERIES

Plafond des Gobelins de Cozette. Écran de Baptiste

TABLEAUX

Mᵉ G. DUCHESNE	**M. A. BLOCHE**
COMMISSAIRE-PRISEUR	EXPERT
6, rue de Hanovre, 6	28, rue de Châteaudun, 28

EXPOSITION PUBLIQUE

Le Jeudi 7 Mai 1896

De deux heures à six heures

IMPRIMERIE ARTISTIQUE

———

E. MÉNARD & Cie

Bureaux et Ateliers : PARIS — 8, RUE MILTON

CATALOGUE

D'OBJETS D'ART

ET DE

BEL AMEUBLEMENT

Des XVIe, XVIIe et XVIIIe siècles

Bahuts Renaissance, Henri II et Louis XIV

MOBILIER DE SALON EN TAPISSERIE DU TEMPS DE LOUIS XVI

Sièges en soirie brochée, Consoles, Encoignures
Toilettes Louis XV et Louis XVI, Secrétaire, Commodes marqueterie
Grande Armoire en laque
de Coromandel, garnie de bronzes, époque Louis XIV
Cheminées, Trumeaux, Colonnes, Lits Renaissance et du Ier Empire
Belle Porte en fer forgé Louis XIV

BRONZES D'ART & D'AMEUBLEMENT

Anciennes Porcelaines de Chine et Européennes, Marbres
Tableaux, Peintures décoratives

BELLES TAPISSERIES

PARMI LESQUELLES

UN PLAFOND DES GOBELINS DE COZETTE
et un Écran, de Baptiste

Riches Tentures en satin brodé

DONT LA VENTE AURA LIEU

HOTEL DROUOT, SALLE N° 1

LE VENDREDI 8 MAI 1896

à 2 heures 1/4

Me G. DUCHESNE	**M. A. BLOCHE**
Commissaire-Priseur	Expert
6, rue de Hanovre, 6	28, rue de Châteaudun, 28

Chez lesquels on trouve le présent Catalogue

EXPOSITION PUBLIQUE

Le Jeudi 7 Mai 1896, de 2 heures à 6 heures

CONDITIONS DE LA VENTE

La vente sera faite *expressément* au comptant.

Les acquéreurs payeront en sus des adjudications *cinq pour cent*.

L'exposition mettant le public à même de se rendre compte de l'état des objets, il ne sera admis aucune réclamation une fois l'adjudication prononcée.

Paris. — Imp E. Ménard & C^{io}, 8, rue Milton

DÉSIGNATION

OBJETS D'ART

1 — Paire de beaux vases en marbre blanc. Louis XVI, de forme cylindrique à couvercles, ornés de bas-reliefs, nymphes et bacchantes, piédouche décoré de feuilles d'acanthe et ornements de bronze doré.

2 — Deux vases en ancienne porcelaine de Chine, couleur corail, montés en forme de buires en bronze ciselé et doré.

3 — Petite pendule en marqueterie de cuivre et d'écaille, ornée d'un bas-relief à chutes et figurine en bronze. Époque Louis XIV.

4 — Deux petits vases de forme lobée en ancienne porcelaine de Chine haricot rouge, monture en bronze doré.

5 — Petit groupe en bronze : deux Amours se disputant un arc. Signé Cumberworth.

6 — Statuette en terre cuite polychromée, époque Louis XIV, représentant Turenne.

7 — Petit buste du roi Louis XV en bronze finement ciselé et doré, socle en marbre brèche d'Orient.

8 — Groupe en marbre : Enfant couché sur un coussin. Époque XVIIIe siècle.

9 — Beau bas-relief en marbre blanc sculpté : portrait d'homme, travail du temps de Louis XIV.

10 — Deux landiers en fer forgé gothique modèle à clochetons.

11 — Paire de grands et beaux chenêts, Louis XV, sur bronze doré chasseur et chasseresse avec chiens poursuivant un sanglier.

12 — Paire de grosses potiches avec couvercle en vieux Chine, décor représentant des aigles sur des branches d'arbres, des gerbes fleuries et des lambrequins en bleu sur blanc.

13 — Petite pendule Louis XVI à figures de nymphes et d'enfants groupés autour d'un fût de colonne en porcelaine pâte tendre bleu turquoise.

14 — Paire de flambeaux à trois cariatides de femmes sur des socles fond vert en porcelaine, style Louis XVI.

15 — Deux grands bras d'applique en bronze ciselé et doré à rocailles, modèle de Caffiéri. Style Louis XV.

16 — Beau cartel en bronze doré à feuillages et cariatides. Style Louis XVI.

17 — Pendule Louis XVI, à mouvement tournant, formée d'un vase en brèche sanguine, près duquel se trouve un amour indiquant l'heure.

18 — Bronze : la Psyché, de Pajou.

19 — Garniture de cheminée, composée d'une pendule Louis XVI, à amours jouant dans des nuages et de deux candélabre à dix lumières.

20 — Paire de chenêts à rocailles et ornements Louis XV.

21 — Groupe en bronze d'après Clodion : Bacchante jouant avec des enfants.

22 — Paire de vases en porcelaine bleue turquoise décor à volatiles, monture en bronze doré.

23 — Deux bras d'appliques à deux lumières Louis XVI, à cariatides de femmes.

24 — Beau groupe de personnages en biscuit.

25 — Paire de chenêts Ier Empire : Lions sur socles, en bronze doré.

26 — Deux flambeaux en bronze Ier Empire.

27 — Deux coupes triangulaires, formées par trois fauves.

28 — Paire de cassolettes en marbre vert d'Egypte, ornées de cariatides de femmes en bronze doré.

29 — Paire de candélabres, formés de deux vases d'où s'échappent des bouquets à trois lumières, et supportés par des cariatides.

30 — Deux vases en marbre granit, ornés de bronze dorés à feuillages, rinceaux et mascarons.

31 — Deux grandes torchères formées d'enfants, portant des bouquets de fleurs à dix lumières. Style Louis XVI.

32 — Belle armure ancienne d'homme, socle en velours grenat.

33 — Panoplie renfermant des imitations de sept lances, d'un cor et d'une tête de sanglier.

34 — Quatre coupes ajourées en porcelaine de Paris à fleurs.

35 — Deux jardinières en bois sculpté, avec plaques en faïences, décor oriental.

36 — Jardinière en bronze ciselé et doré à amours et rocailles. Style Louis XV.

37 — Jolie jardinière en porcelaine de Saxe décor à fleurs et poissons.

38 — Jardinière en céramique fond jaune à fleurs.

39 — Statuette en marbre et bronze : Mignon, de H. Moreau.

40 — Statuette en marbre : Marguerite, de H. Moreau.

41 — Vase cylindrique à couvercle en étain, décor à bustes et guirlandes. Époque Louis XVI.

42 — Pichet en étain, décor à armoiries.

43 — Plat en étain, décor à chimère.

44 — Plat ovale à contours en faïence de Rouen, décor à la corne.

45 — Fontaine avec son bassin en ancienne faïence de Rouen, décor bleu.

46-48 — Cinq plats en faïence de Strasbourg, décor à fleurs. (Seront divisés).

49 — Plat en faïence italienne, décor à sujet d'amours, bordure à rinceaux.

5o — Plat en faïence hispano mauresque à reflets métalliques.

51-53 — Neuf assiettes ou compotiers en faïences de Delft et autres. (Seront divisés).

54 — Jolie pendule avec son socle, support en écaille verte garnie de bronzes ciselés et dorés, cadran signé Brindeau à Paris. Époque Louis XV.

55 — Jolie petite fontaine, formée d'un vase en ancienne porcelaine tendre de Sèvres, décor à guirlande de fleurs, anses à feuillage, montée sur un terrassement en bronze. Le bassin qui forme coquille est en porcelaine de Chantilly.

56 — Paire de candélabres à trois lumières en bronze ciselé et doré du temps de Louis XVI, montés sur des vases en porcelaine de Sèvres, fond bleu turquoise avec médaillon d'oiseaux et fleurs.

57 — Potiche à couvercle en ancienne porcelaine du Japon, décor bleu à objets d'ameublement et vases de fleurs.

58 — Potiche à couvercle en ancienne porcelaine du Japon, décor bleu, rouge et or.

59 — Plat en porcelaine du Japon, décor bleu à fleurs.

60-69 — Quinze pièces, plats, compotiers, assiettes et soucoupes en porcelaine de Chine et du Japon, anciennes et modernes. Seront divisées.

70 — Buste d'enfant en porcelaine de Saxe.

71 — Tasse avec soucoupe et couvercle en porcelaine genre Sèvres, décor à figures.

72 — Deux figurines en porcelaine de Saxe.

73-74 — Quatre pièces en porcelaine de Chine, écuelle avec couvercle et plateau, théières, tasse à couvercle. (Seront divisés).

75 — Potiche à couvercle en porcelaine de Chine, décor en couleurs et or à armoirie et fleurs.

76 — Vase et paire de petites aiguières en porcelaine genre Sèvres, monture en bronze.

77 — Quatre beaux vases en émail transparent décorés de plumes de paons, pensées, dahlias et feuilles de chêne sur fond rouge feu et bleu de roi.

Signés Camille Doubre.

78 — Miniature ovale représentant Renaud dans les bras d'Armide.

MEUBLES

79 — Beau meuble de salon composé d'un canapé et six fauteuils en bois sculpté et doré, couvert en ancienne tapisserie fond rose avec guirlandes et gerbes de fleurs entrelacées, le canapé offre au dossier et sur le siège des médaillons à animaux et volatiles et les fauteuils des médaillons à petits personnages, scènes champêtres en cadres de fleurs et des allégories aux fables de Lafontaine.

80 — Joli petit divan forme à contours en bois sculpté
et doré à rais de cœurs et perlés de l'époque
Louis XVI, couvert en satin crême, dessus à
coussin orné de draperies, garnis de franges et
de passementeries avec un grand coussin long et
deux autres petits coussins en broderie au point
de chaînette du temps, dessin délicat à plumes,
nœuds de rubans, festons et guirlandes de fleurs.

81-82 — Deux encoignures ouvrant à deux portes
en bois de violette et de palissandre avec entre-
deux et côtés cannelés de cuivre, dessus en
marbre rouge. Même époque Louis XVI.

83 — Cheminée avec trumeaux à glace en bois
sculpté, dessins à rocailles, fleurs et coquilles.
Style Louis XV.

84 — Très belle commode à deux tiroirs de forme
ventrue en bois rose et palissandre de l'époque
Louis XV avec entrées de serrures, appliques,
poignées et chutes en bronze à figures d'amours,
sphynx et rocailles, dessus en marbre rouge
veiné.

85 — Bel écran en tapisserie des Gobelins, décor à
vase de fleurs, d'après un carton de Baptiste,
époque Louis XIV, bois sculpté et doré dans le
style du temps.

86 — Grand meuble à hauteur d'appui en marqueterie de cuivre et d'écaille, style de Boule ouvrant à trois portes dont deux de côté garnies de glaces richement garnies de bronzes dorés, montants à cariatides, bandeaux aux armes des Fitz James, dessus en marbre porthor suivant les contours du meuble.

87 — Très jolie petite console en bois sculpté et doré de l'époque Louis XIV offrant devant un masque d'Érigone sur rocailles et branchages ajourés, pieds à contours reliés par un ornement, dessus en marbre brèche d'Alep.

88 — Deux fauteuils en bois sculpté, pieds à coquilles, pieds à croisillons époque Louis XV, foncés de canne.

89 — Deux chaises en bois sculpté, dessins à rocailles fleuronnées, foncées de cannes époque Louis XV.

90 — Grande et belle armoire à deux portes en bois noir, marqueterie de cuivre avec panneaux en ancienne laque de Coromandel, représentant des oiseaux de Paradis dans des paysages fleuris en polychrome et rehaussé d'or, entrées de serrures, charnières, moulures et encadrements en bronze doré, époque Louis XIV.

91 — Trumeau en bois sculpté de l'époque Louis XVI.

92 — Jolie petite commode à deux tiroirs, pieds à contours en laque de Coromandel, garnie de bronzes à rocailles. Dessus en marbre rosé veiné. Époque Louis XV.

93 — Très grande bergère de style Louis XV en bois sculpté et doré couverte soie brochée.

94 — Toilette forme dite Pompadour en marqueterie de bois, dessins à fleurs sur les quatre faces, époque Louis XV.

95 — Belle bergère à oreillons de l'époque Louis XVI en bois sculpté et doré couverte en soierie ancienne fond rose et broché.

96-97 — Deux grandes et belles colonnes monumentales en bois sculpté et cannelé avec chutes en asperges surmontées de chapiteaux rechampis de gris et relevés de dorure, époque Louis XVI.

98 — Beau secrétaire de style Louis XV en bois de rose et formant cartonnier.

99 — Belle chaise longue en bois sculpté et doré, couverte en soie brochée fond rose de style Louis XVI.

100 — Meuble crédence Henri II, en noyer sculpté
ouvrant à trois portes, offrant en relief des personnages et des bustes, pieds à cariatides de
femmes.

101 — Lit en acajou orné de cariatides de sphynx
en bronze vert et de deux vases et ornements en
bronze doré. Époque Ier Empire.

102 — Petite table de nuit en bois de rose Louis XV
à un tiroir, intérieur formant écritoire, ouvrant
à deux portes et ornée de bronzes doré, dessus de
marbre brèche.

103 — Magnifique porte en fer forgé et repoussé
avec parties en cuivre repoussé, décor à rinceaux
feuillages et fleurs. Au fronton un buste d'homme
cuirassé. Beau travail, en partie du temps de
Louis XIV.

Haut. 2,77 larg· 1,52.

104 — Beau lit à colonnes et baldaquin en noyer
sculpté, Renaissance, décor à médaillons à figures
mythologiques, rinceaux et armoiries.

105 — Table de nuit en noyer sculpté à figure mytho-
logique et cariatides, dessus à figures de femmes
se terminant en rinceau. Style Renaissance.

106 — Beau bahut à deux corps en noyer sculpté,
style Renaissance, ouvrant à quatre portes et deux
tiroirs, décoré de panneaux à figures de guerriers
et de cariatides d'hommes et de femmes.

107 — Beau bahut à deux corps en bois sculpté du
temps de Louis XIII, le bas ouvre à un tiroir et
deux vantaux, le haut présente un corps de petits
tiroirs percé entre deux vantaux, décor à moulures mufle de lion, cariatides, etc.

108 — Bahut à hauteur d'appui en bois sculpté Renaissance, ouvrant à un vantail, décor à écusson
armorié, figures et rinceaux.

109 — Grand canapé en bois sculpté recouvert en
tapisserie à vase de fleurs. Époque Louis XIV.

110 — Belle armoire en bois sculpté et laqué à trois
portes ornées de glaces biseautées.

111 — Porte manteau en noyer sculpté orné d'une
glace.

112 — Support en bois laqué blanc.

113 — Gaîne analogue.

114 — Lanterne d'antichambre, système à gaz.

TAPISSERIES

TAPIS, TENTURES

115 — Très beau plafond en tapisserie des Gobelins
par Cozette.
— Il représente Médée soulevée par un Dragon,
elle tient sa baguette magique avec laquelle elle
vient de briser un temple. Sur les côtés des
amours tiennent des guirlandes de fleurs.
Dans le bas un écusson fond bleu avec initiales
A. R.

H. 3^{m}10 ; larg. 3^{m}40

116-117 — Deux très belles tapisseries du temps de
la Renaissance, représentant l'une le Départ pour
la guerre avec fond de paysage animé de troupes
combattant, l'autre le Retour après la Victoire,
avec fond représentant une vue de ville avec
troupes en marche. Larges bordures à roseaux,
fleurs et fruits.

H. 3^{m}90 ; larg. 4^{m}40.

118 — Vingt-cinq mètres de bordures de tapisseries,
décor à perroquets, vases et guirlandes de fleurs.
Époque Louis XIII.

119 — Deux pentes en tapisserie ancienne, décor à figures allégoriques et sujet la Chaste Suzanne, fonds de monuments avec fleurs et oiseaux xvie siècle.

Long. 3^{m}20 ; larg. 0,59.

120 — Panneau formé de deux bandes en tapisserie ancienne, décor à médaillons et groupes de fleurs et fruits, xviie siècle.

Long. 3^{m}70 ; larg. 0,70.

121 — Pente en tapisserie ancienne à sujets dans des encadrements à cariatides d'hommes et fleurs, xviie siècle.

Long. 2^{m}05 : larg. 0,50.

122 — Grand et beau tapis d'Aubusson, dessin dans le goût du xviiie siècle, à médaillons de fleurs et ornements. (Bon état de conservation).

123 — Quatre beaux rideaux en satin bleu richement brodés à figures, fleurs, ornements et objets d'ameublement dans le goût chinois, avec draperies, embrasses et franges assorties.

TABLEAUX

PEINTURES DÉCORATIVES

BLUM (M.).

124 — *La Sentinelle.*

LAGRENÉE

125 — *Scènes pastorales.*
Deux gracieuses compositions.
Dessus de portes dans leurs boiseries.

OUDRY

126 — *Chasse au Cerf et Chasse au Loup.*
Deux beaux dessus de portes dans leurs boiseries à rocailles
et ornements du temps de Louis XV.

OUDRY (École d')

127-128 — *Scènes de chasse.*
Deux pendants.

ROY (A.).

129 — *Les chevaux de halage.*

SALAMBIER

130-133 — **Nid d'oiseaux et animaux, guirlandes de
fleurs et oiseaux.**

Quatre jolis dessus de portes.

WATTEAU (de Lille)

134 — *Le Message galant.*

135 — *Gage de tendresse.* Scènes à personnages.

Deux beaux dessus de portes ou panneaux décoratifs.

ÉCOLE FRANÇAISE XVIIIᵉ SIÈCLE

136 — *Le Dessin et la Peinture.* Gracieuse compo-
sition allégorique de deux personnages.

137 — Objets omis.

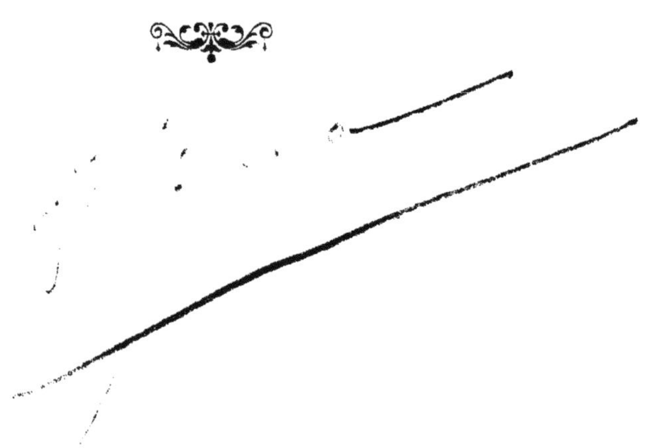

www.ingramcontent.com/pod-product-compliance
Ingram Content Group UK Ltd.
Pitfield, Milton Keynes, MK11 3LW, UK
UKHW031705170726
13836UKWH00001B/44